Edition Paashaas Verlag

EPV

Autor: Michael Völkel
Originalausgabe Mai 2016
umgestaltete Neuauflage Mai 2022
Covermotiv: Metin Irfan Temel
Covergestaltung: Michael Frädrich
Korrektur: Manuela Klumpjan

www.verlag-epv.de
ISBN: 978-3-945725-62-7

Die Deutsche Nationalbibliothek verzeichnet diese Publikation in der Deutschen Nationalbibliografie; detaillierte bibliografische Daten sind im Internet über http://dnb.d-nb.de abrufbar.

Spielmann Michels Rattenplage

Inhalt:

Mythen, Märchen, Metal, Minne

Ein Spielmann zwischen den Zeiten.

Gelegentlich unterstützen Musiker meine Lesungsauftritte. So geschehen auch vor geraumer Zeit bei einer Lesung in Dortmund, bei der ich das Vergnügen hatte, den kurzweiligen Spielmann Michel kennenzulernen. Dass er sein Instrument vortrefflich beherrscht, versteht sich von selbst. Darüber hinaus verstand er es, unser gemeinsames Publikum auf seine ganze eigene, mittelalterlich geprägte Weise in eine ganz andere Zeit zu entführen.

In dem Bereich hinter der Bühne (neudeutsch Backstage genannt, wie es an mein Ohr drang), lernte ich ihn dann anschließend als profunden Kenner der Phantastik kennen. Im Gespräch stellte sich heraus, dass wir gerade beide an einer eigenen Version des bekannten Rattenfänger-Mythos arbeiteten. Wobei das „gerade" bei uns ein Dauerzustand zu sein scheint – denn das Rattenfänger-Thema wäret ewiglich und inspiriert uns beide offensichtlich schon ein Leben lang.

Gleichwohl: Michels Rattenfänger-Version halten Sie gerade in der Hand. Als CD in aufwendiger Gewandung und/oder als Comic-Magazin. Ein ambitioniertes Projekt, bei dem Spielmann Michel als Initiator, Texter, Produzent und Komponist in Metin Temel einen kompetenten Illustrator für die Titelstory gefunden hat, die in einem Mix aus Gothic und Marvel grafisch wunderschön präsentiert wird.

Zu den anderen Stories steuern Liam Bo Skol, Will Meder, Klaus Penczek und auch Michel selbst auf gekonnte Weise die Illustrationen bei. Die Musik auf der CD liefert Balladen in einer Tradition zwischen Liedermacher und Minnegesang und routiniert gespielte Instrumentals, die Spielmann Michels Fähigkeiten als Gitarrist und Flötist belegen.

Comic und CD lassen den Hörer (Leser) optisch und akustisch in märchenhafte Welten abtauchen. Die Rückseite der Nummer 1 kündigt eine Nummer 2 an. Wenn es soweit ist, bin ich gerne wieder dabei.

Wolfgang Hohlbein

Am Buch beteiligt:

- Spielmann Michel: Texte und (ein paar der) Illustrationen
- Metin Temel: Illustrationen für den Comic *Rattenplage, Waldgedicht* und *Blut und Schweiß.*
- Liam Bo Skol: Illustrationen für *Zwergengesang*
- Will Meeder: Illustrationen für *Der Vampyr*
- Klaus Penczek: Illustrationen für *Krankenhaus* und *Der Wachmann*
- Tandaniel Roling: Gastbeitrag: *Der Rattenfänger – Eine historische Recherche*
- Sarah Wisbar: Logos und Zeichnungen

Die CD zum Buch ist bei www.prettynoice.com erhältlich

Über den Autor

Michael Völkel (Jahrgang 1961) ist professioneller Musiker und tritt seit etlichen Jahren auch bei mittelalterlichen und anderen historischen Veranstaltungen unter dem Namen „Spielmann Michel" auf.
Der studierte Sozialarbeiter aus Wanne-Eickel hat sich einen Namen gemacht mit absonderlichen Texten und Liedern aus eigener Feder, die er mal in der der Tradition der alten Spielleute und mal in der der Liedermacher der 1970er Jahre vorträgt.
Homepage: www.michaelvoelkel.de
Wikipedia: Michael Völkel - Liedermacher

SPIEL-
MANN
MERCURIUS COMICS GROUP
der ZEITREISENDE
SPIELMANN
9,50 €
Rattenplage
Zeichnungen Metin Temel
Michael Völkel

Michael Völkel

LAUTSTARK HÖRTE MAN DIE KLAGE
VON DEN OBEREN DER STADT.
HILFE, DIESE RATTENPLAGE,
IST DENN KEINER HIER DER HAT....
..EINE LÖSUNG WIE MAN DIESE
MISTVIECHER VERTREIBEN KANN
DIDELDEIDEL-DIDEL-DIE
IST DA KEIN MANN DER HELFEN KANN?

Es kam ein Mann zur Stadt hinein
Ohne Schuh und voller Lumpen.
Schmutzig, stinkend wie ein Schwein.
Begierig auf den nächsten Humpen
Der vernahm die Not der Stadt.
Des Bürgermeisters Töchterlein
Dideldeidel-didel-datt
Sollte die Belohnung sein.

Bekanntmachun
Hand meiner Tochter
Hand

An des Gürtels Sack fand
Sich ein kleines Flötelein,
Das schauerlichste Ding im Land,
Doch er blies beherzt dort'rein.

NIE GEHÖRT WARD SOLCHS
GETÖN
WAS MAN DAZU WISSEN MUSS,
DIDELDEIDEL-DIDEL-DRÖHN
DAS MACHT EIN ORD´NTLICH
TINITUS

DIE RATTEN HÖRTEN DIESE
TÖNE, DIE DIE FLÖTE DA AUS-
STIEß UND DAS QUIEKEN GLICH
GESTÖHNE
ALS DAS RATTENVOLK
AUSRISS.

LIEBER TOT IM FLUSSE
TREIBEN
ALS DIESES ELEND
ANZUHÖRN
DIDELDEIDEL-DIDEL-DEI
IM JENSEITS WIRD UNS
KEINER STÖRN.
GEDACHT GETAN, DEM LEMMING GLEICH
KOPFÜBER IN DIE KÖTTELBECKE
JEDER TÜMPEL JEDER TEICH
BRACHTE RATTENVIEH
ZUR STRECKE.
⑥

IM RATHAUS WARTETEN INZWISCHEN DER BÜRGERMEISTER UND DER RAT.
FREUDIG SPRACH MAN AN DEN TISCHEN VON DES MANNES GROßER TAT.
DES BÜRGERMEISTERS TÖCHTERLEIN SAß LIEBLICH NEBEN IHREM VATER.
DIDELDEIDEL-DIDEL-DEI, STRAHLEND WIE DIE ALMA MATER!

NEE DOCH NICHT... AUF DEN ZWEITEN BLICK
SAH MAN IHRE AUGEN BLITZEN.
IHR ZORN WAR GROß UND SCHWER UND DICK
BEREIT DEN NÄCHSTEN
AUFZUSCHLITZEN.
SIE WENDET SICH DEM
VATER ZU, DER SIE DEM
MANN VERSPROCHEN HAT,
DIDELDEIDEL-DIDEL-DU
HÖRT WAS SIE ZU
SAGEN HAT.

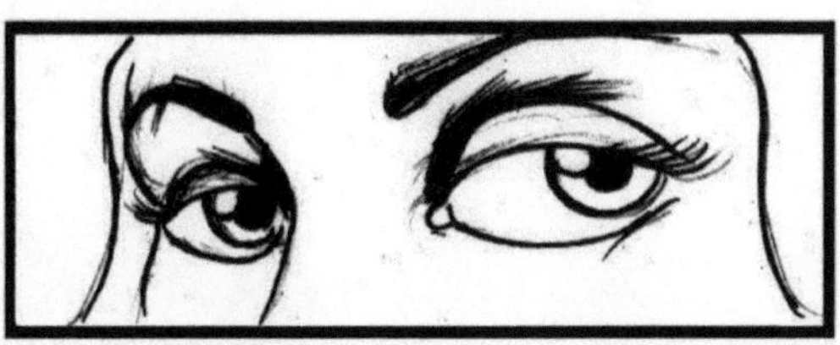

WAS ICH DENKE WILLST DU WISSEN?
DIR HAMSE JA WOHL INS GEHIRN GESPUCKT.
DIESEN ASI SOLL ICH KÜSSEN,
DEN SONST NICHT MAL SEINE MUTTER ANGUCKT.
DER AUSSIEHT WIE HARRY UND STINKT WIE EIN ILTIS,
WIE DAS RATTENKROPPZEUGS DAS GRAD MAL GEKILLT IS
DEN PACK ICH NICH AN,
LIEBER GEH ICH INS KLOSTER
UND SPIEL AN MIR RUM VOR NEM HEINO-POSTER.
SIEH ZU, WIE DU KLAR KOMMST ABER OHNE MICH,
SO EIN STINKMOLCH WIE DER, DU HAST DOCH NEN STICH!

HAMELN SHAKE
DIE BETRÜGER, JA DIE WERDEN
WINSELN UND AUCH VOR MIR KRIECHEN,
WÜNSCH ICH IHNEN DIE PEST AUF ERDEN
AUF DASS SIE SCHÄBIG DAHIN SIECHEN?
ZU ENTFÜHRN DIE KINDELEIN,
DAS IST SCHON MAL DA GEWESEN.
MEINE RACHE DIE SOLL SEIN,
OHNE GNADE UND ERLESEN.

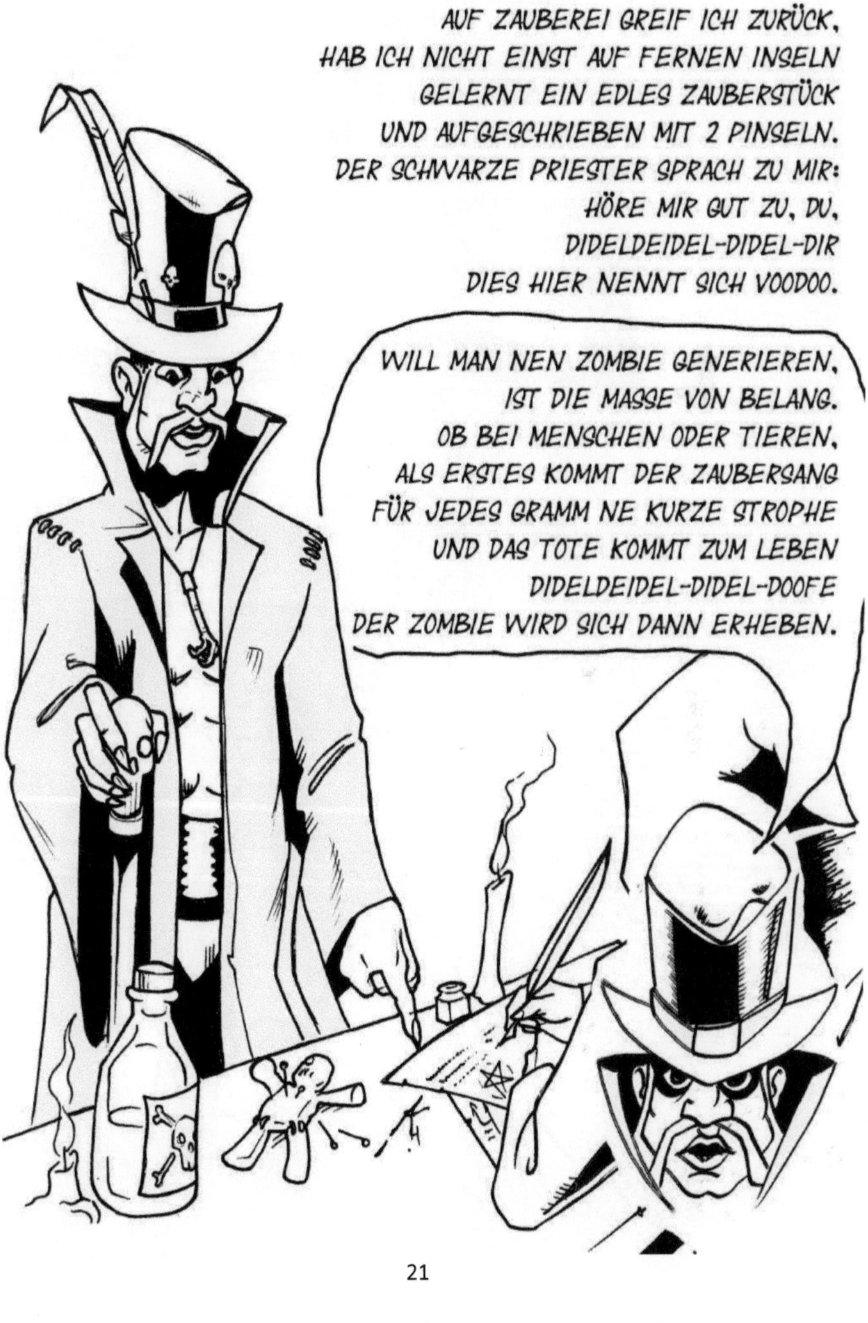
AUF ZAUBEREI GREIF ICH ZURÜCK,
HAB ICH NICHT EINST AUF FERNEN INSELN
GELERNT EIN EDLES ZAUBERSTÜCK
UND AUFGESCHRIEBEN MIT 2 PINSELN.
DER SCHWARZE PRIESTER SPRACH ZU MIR:
HÖRE MIR GUT ZU, DU,
DIDELDEIDEL-DIDEL-DIR
DIES HIER NENNT SICH VOODOO.
WILL MAN NEN ZOMBIE GENERIEREN,
IST DIE MASSE VON BELANG.
OB BEI MENSCHEN ODER TIEREN,
ALS ERSTES KOMMT DER ZAUBERSANG
FÜR JEDES GRAMM NE KURZE STROPHE
UND DAS TOTE KOMMT ZUM LEBEN
DIDELDEIDEL-DIDEL-DOOFE
DER ZOMBIE WIRD SICH DANN ERHEBEN.

DIE GANZE NACHT HINDURCH GESUNGEN
HAUCHT TOTEN RATTEN LEBEN EIN.
MIT ATEM AUS VERWESTEN LUNGEN,
SUCHT DAS GETIER
DIE STADT DANN HEIM.
DIE SPEICHER WERDEN LEERGEFRESSEN,
ZUM KNOCHEN ABGENAGT
DAS VIEH,
DIDELDEIDEL-
DIDEL-DESSEN
ES LEBE DIE
SCHWÄRZE MAGIE.
FORTSETZUNG FOLGT....

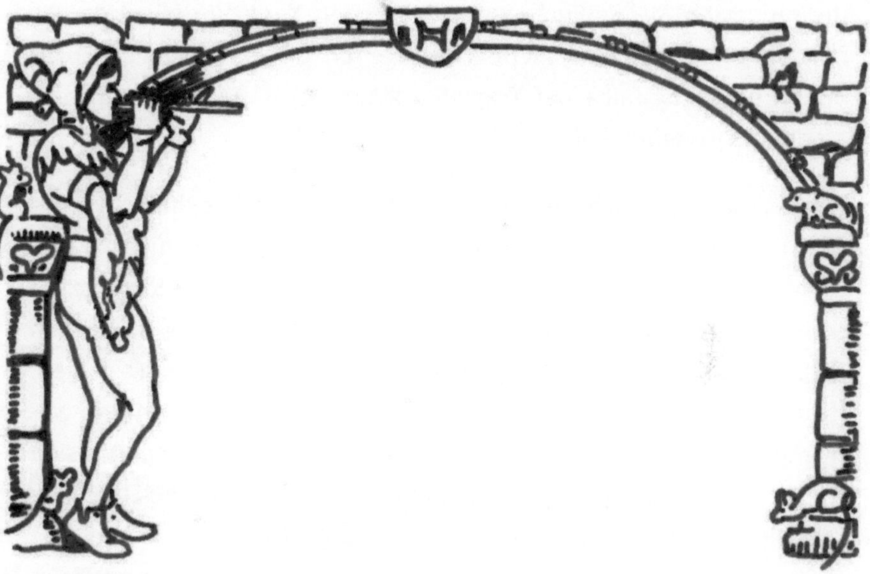

Die Saga des Rattenfängers

Text: Tandaniel Roling

(eine historische Recherche von einem Kenner der Materie)

Es ist wohl eines der bekanntesten und beliebtesten Märchen weltweit, und das, obwohl keine Prinzessin vorkommt, noch am Ende geheiratet wird. Es hat als solches nicht einmal mehr ein Happy End.

Dafür verbindet man den Rattenfänger automatisch mit einer Stadt: Hameln. Wie Bremen, Mölln, Hanau, Köln und vielleicht gar Buxtehude bestätigen können, ist dieses nicht nur extremst gut für den Tourismus und die Kassen von Souvenirverkäufern, sondern auch beliebte Initiatoren für die Suche nach des Pudels Kern. Vor allem da der Rattenfänger, der Pied Pieper, der Pfeifer, dieser schleimige Spielmann doch eng mit einer Tragödie, einem Alptraum für alle Eltern, verknüpft zu sein scheint.

Dieses kleines Geschichtlein, welches so harmlos beginnt - gilt es doch nur Ratten zu vertreiben und nicht einem Drachen das ewige Licht auszublasen, oder gar mit einer garstigen Stiefmutter klar zu kommen (um sie am Ende um die Ecke zu bringen) - bis schließlich 130 Kindlein dieser sagenumwobenen Gestalt ins Ungewisse folgen, fasziniert uns und als wir noch unschuldig waren, ließ es uns ein wenig erschaudern. Deswegen gibt es seit der ersten tradierten Version zahlreiche Neuschöpfungen. Vielleicht gar eine ganz eigene Erzählung mit Musik umhüllt und von einem Comic begleitet.

Aber Märchen sind ja nur erfundene Märe für die Jüngsten ...

oder vielleicht doch nicht?

Gehen wir mal einige Schritte auf den Wegen des bunten unheimlichen Mannes mit seinen mystischen, gar dämonischen Fähigkeiten. Ob wir nicht mehr finden, als nur das Gespinst eines Barden? Was steckt wirklich hinter dieser erschütternden Geschichte aus Plage, Betrug und Rache? Oder doch nur ein „Es war einmal ...“?

„Im Jahr 1284 (...)“

Also zirka 366 Jahre vor Athanasius Kircher „Musurgia universalis“, 520 Jahre vor Goethes „Der Rattenfänger“, 528 Jahre vor den „Kinder- und Hausmärchen“ der Gebrüder Grimm, 654 Jahre vor Brechts „Die wahre Geschichte des Rattenfängers zu Hameln“, 731 Jahre vor

Michael Völkels „Rattenfänger" und geschätzte 802 Jahre bevor ich diesen Bericht zu Ende geschrieben habe, schien es, dass ein gewisser Buntling den Grund der Stadt betrat, um seinem Handwerk nachzugehen.

Ratten knechteten die Stadt so zahlreich, dass sie gar ungehemmt in hellem Tageslicht auf den Tischen und Bänken herumsprangen. Diese kleinen, süßen, intelligenten, äh, ich meine dieses pelzige Ungeziefer, diese widerwärtigen Nager, diese vermeintlichen Krankheitsüberträger und schon scheint es klar.

Anders als Kunstmärchen, haben die meisten Sagen durchaus einen historischen Kern, verfälscht durch die Zeit und Dramaturgie, kombiniert mit den Verzierungen der Tradition, aber er lauert doch dort im Untergrund.

130 Kinder verschwinden binnen sehr kurzer Zeit und es scheinen Ratten mit im Spiel gewesen zu sein. Ratten? Mittelalter? Es scheint so klar zu sein, dass selbst Ockhams Rasiermesser zu offensichtlich erscheint. Der garstig satanische Pieper ist nichts anderes als eine Allegorie. Ebenso wie bei Poe, der unerwartete und vor allem unerwünschte, ungeladene Gast, welcher jede Tanzveranstaltung sprengt. Der Mann mit der Flöte ist die Pest oder der Tod (zu der Zeit so oder so beste Freunde) und die 130, von denen man aus naheliegenden Gründen nie wieder etwas hörte, eine winzige Gruppe der 25 Millionen Todesopfer (Romantik und Pest ... selten ein gutes Paar).

Es ist so naheliegend. Fall gelöst. Verstärkt durch die Tatsache, dass im Mittelalter nicht direkt über die Pest gesprochen wurde; denn wenn man darüber spricht, kommt sie erst recht und ist fast belegt durch ein Frankfurter Handblatt aus dem Jahre 1622, welches beschreibt, dass der Pieper die Kindlein zum Kalvarienberg führte. Nicht nur Pilgerstätte, sondern wie es sich gehört auch dargestellter Totenberg.

Eine winzige, beinahe außer Acht zu lassende Information lässt diese Theorie jedoch sehr schnell wanken. 1284 ist nun einmal kein „Es war einmal …“, kein „Vielleicht damals, vor langer Zeit, oder erst gestern“ und die Pest erreichte Deutschland nachweislich erst um 1348.

Bleiben wir dennoch für eine kleine Weile auf der Spur der putzigen (ich meine lästigen) Nager und den lustigen Krankheiten. Nahmen wir es in Deutschland doch recht früh mit gutem Bier sehr ernst (schon im ältesten [belegten] deutschen Stadtrechts aus dem Jahre 1156 (21. Juni) der Stadt Augsburg [Justitia Civitatis Augustensi] wurde das Ausschenken von schlechtem Bier unter Strafe gesetzt), wurde das, was wir Hygiene nennen, nicht immer so groß geschrieben.

In so ziemlich jeder Ausgrabungsstätte aus dieser Zeit finden wir nicht nur zahlreiche tierische Knochenreste, sondern ebenfalls vollständige Tierkadaver in unmittelbarer Nähe der Wohnhäuser. Schnell heranwachsende Städte, wenig Platz, kaum angewandte hygienische Maßnahmen, viele verwesende und weggeworfene Reste auf offener Straße. Klingt nicht nur nach einem interessanten Exkurs für den olfaktorischen Sinn und Neufindung exotischer Aromen, sondern schreit vor allem nach Krankheiten.

Die Weserstadt war nun nicht nur für ihre Mühlsteine bekannt, sondern auch für ihre prall gefüllten Kornspeicher. Ein Nagerparadies und vor allem die besterdenkbarste Kulisse für einen Rattenfänger. Also eine andere Krankheit, bei dem Ratten ein Indikator sind? Eine lokale Epidemie?

Wieder stürzt diese These schnell zusammen, wenn man sich mit den Schriften der Stadtchronik beschäftigt. Es wird von keiner Rattenplage erzählt, kein Schädlingsbekämpfer erwähnt. Nicht ein Vertrag ist zu finden, mit dem anscheinend windigen Buntling.

Tatsächlich sind in der Geschichte des Piepers die Ratten und die Verschmelzung der beiden Sagen erst im 16. Jahrhundert zu finden. Ebenfalls wird von keiner Krankheit gesprochen, welche solche Ausmaße entschuldigen oder rechtfertigen würde. Dafür aber ein Jahr ... und man belässt es nicht dabei. Ein ganz gewisses Datum wird genannt. Denn der Pied Pieper, der Rattenfänger, der Spielmann, kam am 26. Juni des Jahres 1284 zurück, um die Kinder zu nehmen ... Ein wenig zu genau und vor allem ein wenig entfernt von der Vermischung des Piepers zum dämlichsten Rattenterminator aller Zeiten, welcher versucht, hervorragende Schwimmer mit einem Gang zur Weser zu ertränken.

Für den Historiker macht es allerdings die Arbeit beinahe einfach: 130 Menschen verschwinden angeblich schlagartig aus einer Stadt.

Nun, mal abgesehen davon, wie musikbegeistert (oder halt nicht) Ratten im Allgemeinen sind, gibt es im Statutenbuch der Stadt Hameln, (mehr als) eine interessante Stelle, welche ein Datum höchst informativ ergänzt, da sie besagt: „Nach unser Kinder Weggang, im Jahre 1284 ...“

Natürlich muss man differenzieren, denn dieser Nachtrag wurde erst später im Urkundenbuch zugefügt (also selbst, wenn historisch und mittelalterlich, ist es immer noch sehr nah an einer zeitgemäßen Fälschung) und es ist durchaus ein Werbemittel, um schon zur damaligen Zeit neugierige Pilger zur Stadt zu führen, um deren Taschen dort zu leeren.

Tragödien und vermeintliche Wunder für die Wirtschaft auszuschlachten, ist halt keine Erfindung der Neuzeit. Wer das nicht glaubt, sollte einfach mal über Ablassverhökerer und Wunder ausführende Reliquien nachdenken ... oder Kirchensteuer ... oder Friedhofsplätze.

Wie auch immer scheinen doch in dem besagten Jahr 130 Seelen aus der Stadt Hameln entfernt worden zu sein. Der Pieper, der Buntling, agiert somit nicht nur als Sündenbock, sondern vielmehr auch als durchaus lukrative Werbefigur der Stadt (wer dieses nicht glaubt, sollte von Mai bis September am Sonntag einfach mal in Hameln aufschlagen).

Wenn man lebende Oxymora[1] mag, die Stadt verdient nach wie vor an dem Manne, den sie der Legende nach anscheinend vor Jahrhunderten verarschte (bislang ein interessanter Kriminalfall, ohne Kläger und existierenden Angeklagten).

Nehmen wir also ein wenig die Allegorie aus dem Flötenspieler, denn Pest, Krankheit, Kindersterblichkeit und Rattenplage erscheinen nicht so logisch, wie es am Anfang erschien. Befreien wir den Rattenfänger vom Rattenfänger und kommen wir zu dem Verführer, der zwielichtigen Figur, welche nicht nur durch seine Kleidung auffallen wollte. Einem Wesen, welches sich nicht wie sonst so oft in Sagen und Legenden im Schatten bewegte, sich nicht versteckte, sondern zu dem Scheusal frommer, gläubiger Menschen (zumindest in Wort und Schrift) ohne Beklommenheit in die Öffentlichkeit wagte und sein Werk verrichtete.

Entkleiden wir den Buntling von Rubens von Zimmers Familienchronik (1565 [halt mal lockere 300 Jahre nach dem Ereignis]) welche zuerst die kleinen, grauen Tierchen unterbrachte und sehen ihn zuerst einmal ganz schlicht als Kindesentführer, Fänger (nur nicht von Ratten, es sei denn, man möchte Kinder ab dem vierten Lebensjahr so bezeichnen) und Betörer.

Um sieben Uhr morgens, einige sprechen auch von der zwölften Stunde am Johannes-und-Paulitag, kam der Pfeifer zurück, gekleidet

---

[1] Ein Oxymoron (Plural *Oxymora*; griechisch aus *oxys* ‚scharf(sinnig)' und *moros* ‚dumm') ist eine Formulierung aus zwei gegensätzlichen, einander widersprechenden Begriffen gebildet wird. Beispiele: „weniger ist mehr", „die Fülle hat mich arm gemacht" (Ovid), „Flüssiggas", „alter Knabe" , „Schlagermusik :-)"

nun als ein Jäger mit seltsamen Hut und führte die Kindlein weg ... Nehmen wir zumindest das als Fakt, es sei denn, selbst der Kindesauszug wäre eine bloße Erfindung. (Man verirrt sich ja gerne in Thesen.) Immerhin hat der Rattenfänger schon keine Ratten mehr und irgendwie müsste es ja möglich sein, das potentielle Verschwinden von 130 Mädels und Jungen viel leichter zu belegen, als durch einen unbekannten Spielmann ...

Es sei denn, die These steht ja noch im Raum, es sei alles purer Schwindel.

Dabei hilft ein Blick in das Catena Aurea (Handschrift in Lüneburg), welche immerhin von einem Kindesauszug spricht. Dieses sogar mit Augenzeugenbekundung. Allerdings nicht von einem Rattenfänger, nicht von einem Pied Pieper bekundet. Schlicht der Flucht der Kinder. Immerhin ein Fakt ... der Rest ... und vor allem der Buntling, erst einmal Legende, wenn nicht gar Mär.

Jedoch weiß jeder Aluhut[2], 130 Seelen verschwinden nicht einfach so, gänzlich ohne Grund, an einem ganz gewissen Datum und gar zur einer gewissen Uhrzeit.

Geben wir uns also nicht nur mit der Tragödie für die Stadt des Verschwindens der Kinder zufrieden, sondern durchleuchten ein wenig mehr das, was momentan eher als der Namensgebende MacGuffin fungiert. Wieder einmal, der Pieper selbst, denn sind wir ehrlich:

[2] Aluhut (kurz für Aluminiumhut): Schmähbegriff für Verschwörungstheoretiker. Bezieht sich auf eine SF Story von Julian Huxley in der die abschirmende Wirkung von Kopfbedeckungen aus Aluminium gegen telepathische Gedankenmanipulation gepriesen wird.

Massenauszug ist für Eltern schon schlimm genug - selbst, wenn sie wissen, wo ihre Bündel sind - doch fortgeführt von einer nebulösen Gestalt an einen unbekannten Ort ... EINEM SPIELMANN!!! Das als solches macht den wahren Schrecken aus. Vor allem, da trotz intensiver Suche nichts mehr von den Verschwundenen gefunden wurde.

Da wir bei so vielen dieser Auslegungen von Sagen und Legenden nicht nur bei monotheistischen Aluhütern landen, sondern auch bei sehr spannenden, eigene Märchen erfindenden Menschen (man kann das kombinieren), werde ich den Pieper ebenfalls in eine Welt einführen - aufgebaut auf zwei Merksätzen. Wenn man ihn schon mit dem Leibhaftigen selbst gleichsetzen kann, warum soll der Verführer mit dem verräterischem Blasinstrument nichts anderes sein, als die Abkehr vom Christlichen, oder besser, das Fortführen heidnischer Rituale?

So heißt es doch so schön:

„Anno 1284 am Dage Johanni et

Pauli, ist gewesen der 26te Junii

Sint dorch einen piper, mit allerley Farvve

bekledet, 130 Kinder verledet,

Binnen Hameln gebohren, tho

Calverie und der Köppen verlohren."

Zack, sind wir dann im Bereich von Ith (ein knappe 20 km von Hameln entfernter und von monolithischen Steinformationen überpflasterter, altkultischer Ort). So manche Ausgrabung brachte Schädel hervor, welche durchaus für Opferrituale sprechen würden. Ein Ort/ Fluchtplatz für die letzten Heiden und ihrer Koexistenz neben der Kirche.

1284 fiel die Sommersonnenwende - nur zwei Tage vor den heiligen Tag von Johannes und Paulus - auf den Tag, als die Jugend verschwand. Gemäß germanischem Brauch also durchaus der Tag/die Nacht, der Ausgelassenheit/der Musik/potentieller Hysterie. Oder gar für die Kirche ein maßloses Verbrechen der Zwangsmissionierung. Jeder, welcher sich an die alten Riten hielt, wurde hingerichtet. Vielleicht starb man auch einfach schlicht an dem schlimmsten Unfall einer heidnischen Party auf einem Berg ...

Viel trockener wäre die letzte Theorie. Im besagten Zeitraum brach die dänische Herrschaft und der Weg in den Osten war frei. Lokatoren machten sich auf den Weg und versprachen an neuen Orten ein neues Leben. Abgabefrei, mit eigenen Rechten und warben junge Menschen ab. Überliefert ist, dass Graf Nicolas von Spiegelberg alles andere als faul in diesem Bereich war. Auch das Wesergebiet und dessen Städtenamen ähneln sich so sehr, dass eine Reise in den Osten von jungen Menschen, welche ihre freie, vielversprechende Zukunft nicht im Heimatort sahen, dafür spricht. Hammelspring sei dafür nur ein Beispiel.

So einiges kann man ausschließen und so vieles als solches wird man nie ergründen können ... Am Ende bleibt eine durch zahlreiche Quellen überlieferte Sage - ein historisches, bislang ungeklärtes Ereignis. 130 junge Menschen verließen Hameln und, wie es wirkt, brach binnen kurzem jeder Kontakt zu ihren Familien ab.

Der Tod (SPRICHT SO)? Krankheit? Opfergaben? Eine der größten Kindesentführungen/ Abwerbungen? Vielleicht gar ein grausames Verbrechen an Andersgläubigen? Beinahe langweilig wäre eine außer Kontrolle geratene, heidnische Veranstaltung ... oder doch eher Mord an Ungläubigen?

Auch, wenn ich meinen Schnipsel der Indizien für mich herausnehme und deute, es bleibt dabei und wird wahrscheinlich nie ganz geklärt werden, ein Fakt, welcher diese Mär am Leben erhält: im Jahre 1284, am Tage des Johannes und Paulus, verschwanden 130 Seelen aus der Stadt Hameln...

und egal wie sehr die Familien damals klagten und suchten, ob nun in Siebenbürgen rausgekommen, oder nicht ...

Man hat sie nie wieder gesehen.

Ich bedanke mich bei ... ne, Moment ... ich habe geklaut, aber gebe es zu und durch die Benennung wirkt es beinahe wissenschaftlich. ;)

Hier habt ihr einen Teilauszug der Literatur

Marco Bergmann: „*Dunkler Pfeifer – Die bisher ungeschriebene Lebensgeschichte des „Rattenfängers von Hameln“*“, BoD, 2. Auflage 2009

Hans Dobbertin: „*Quellenaussagen zur Rattenfängersage.*“ Niemeyer, Hameln 1996 (erw. Neuaufl.)

Ullrich Junker: „Rübezahl – Sage und Wirklichkeit.“ In: „Unser Harz. Zeitschrift für Heimatgeschichte, Brauchtum und Natur“. Goslar, Dezember 2000

Fanny Rostek-Lühmann: *„Der Kinderfänger von Hameln: Untersagte Wünsche und die Funktion des Fremden.“* Berlin: Reimer 1995

Heinrich Spanuth: *„Der Rattenfänger von Hameln.“* Hameln: Niemeyer 1951

Izabela Taraszczuk: „Die Rattenfängersage: zur Deutung und Rezeption der Geschichte.“ In: Robert Buczek, Carsten Gansel, Paweł Zimniak (Hrsg.) *Germanistyka 3. Texte in Kontexten*. Zielona Góra: *Oficyna Wydawnicza Uniwersytetu Zielonogórskiego 2004* Jürgen Udolph: *„Zogen die Hamelner Aussiedler nach Mähren? Die Rattenfängersag namenkundlicher Sicht“*, in: *Niedersächsisches Jahrbuch für Landesgeschichte* 69 (1997)

Brüder Grimm, Deutsche Sagen, Nr. 245: "Die Kinder zu Hameln"

Inschrift eines Hauses zu Hameln mit goldenen Buchstaben: „Anno 1284 am dage Johannis et Pauli war der 26. junii dorch einen piper mit allerlei farve bekledet gewesen 130 Kinder verledet binnen Hameln gebon (orn?) to calvarie bi den koppen verloren“ (Schöppach).

Bertolt Brecht, Gedichte 1938-1941

Robert Browning, „The Pied Piper Of Hamelin“, 1849.

Achim von Arnim: *„Der Rattenfänger von Hameln. Mein allererstes Märchenbuch.“* Karl Müller, Köln 2004

Und natürlich Michael Völkel, der schuldige Initiator dieser Ausarbeitung.

DEN MENSCHEN BLEIBT NUR NOCH DIE FLUCHT
WENN DIE ZOMBIE-RATTEN NAHN
AUCH DER BÜRGERMEISTER SUCHT
NE KUTSCHE UM DANN WEG ZU FAHRN
ALLES IST SO SCHLIMM WIE VORHER,
DOCH KOMMT ERSCHWEREND NOCH HINZU
DIDELDEIDEL-DIDEL-DER
NEN ZOMBIE KANNST NICHT TÖTEN DU.

DER ZENSOR HAT ES UNTERSAGT,
NÄHER ZU BESCHREIBEN,
WIE´S DEN ARMEN
MENSCHEN PLAGT,
DER ZURÜCK MUSST BLEIBEN.
SCHLIMMSTE TRÄUME
WERDEN WAHR
WENN DIE RATTENZÄHNE
DROHN DIDELDEIDEL-DIDELDA
EIN SPLATTERFILM IST DA EIN HOHN.

EIN GERÄUSCH DRANG AN SEIN OHR,
EIN SEUFZEN FLÜSTERND LEISE,
VERSTECKT IN EINEM ABFLUSSROHR
SAß AUF GEKRÜMMTE WEISE
DES BÜRGERMEISTERS TÖCHTERLEIN
VOR SCHRECKEN GLATT ERBLINDET,
DIDELDEIDEL-DIDEL-DEIN
UND HOFFTE SEHR, DAß MAN SIE FINDET

DER RATTENFÄNGER NAHM
DIE HAND
UND HOLTE SIE HERVOR.
IHR BLINDES AUG HAT NICHT
ERKANNT,
WER DA STAND VOR DEM ROHR

DANKBAR ZOG SIE MIT DEM RETTER
IN FERNES LAND, DAS NIEMAND KENNT
DIDELDEIDEL-DIDEL-DETTA
WIE SCHÖN IST DOCH EIN HAPPY END.

Die wundersame Mär des heiligen Bruders Adipositas

Zeichnungen: Metin Temel

Bruder Adipositas ist der Name des Mannes, der ob seines Standes der Keuschheit verpflichtet, dennoch vom Herrgott versehen war mit einem Gemächt, gleich dem eines Hengstes. Und das sich aufrichtete, stramm stehend stets im falschen Augenblicke.

Doch vermochte des Wanstes Gewölbe jenes Erigirium zu verbergen, auch, wenn hart auf hart, so hart dies ward, dass die Lust verwandelte die Kutte in ein Zelte. Der Pfeiler, prachtvoll hervorragend, hub an mit echter Manneskraft die Pfunde des Bauches, die sonst in der Nähe des Bodens pendelten.

Wer allerdings nichts von dem wusste, was da geschah unter der Kutten des Bruders Adipositas, vermochte nur zu sehen, wie auf wundersame Weise der Bauch in seinem Umfange mal wuchs, mal schrumpfte in stetem Wechsel.

Ein Wunder! Ein Wunder muss es sein!
Hat nicht der Heilige Geist höchstselbst den Bauch der Heiligen Jungfrau Maria dick gemacht?
Hat womöglich der Herr selbst in seiner rätselhaften Weisheit ein Zeichen gesetzet?
Und so begab es sich, dass Bruder Adipositas bekannt ward im ganzen Land. (Anmerkung des Autors: Ab hier den Text rappen)
Befand der
Stand des Klerus,
angerannt solle ein jeder kommen zur
Wand, wo stand
ein Podest mit (Rap Ende) einem Stuhle, worauf saß der Bruder im Glauben, vorzuführen dem gemeinen Volke die Wunder des Herrn, auf dass es im rechten Glauben gestärket, vermehrt der Beichte und

der Ablasszahlung zuspräche. Und nicht nieder Stand noch hohe Herren vermochten zu erkennen, dass stets die drallen Maiden es waren, welchselbige durch ihre Fleischesrundungen das göttliche Wunder am Bauche des Mönches, hervorzubringen vermochten.

Mammalisches Drüsengewebe üppigen Ausmaßes, eingepfercht in ein zu enges Gewand, an dessen Ausschnitte der lustverheißende Speck bebend hervorquoll ...

Jaaah ... Dies war in den Augen des Paters das wahre Wunder Gottes.

Die Ehre, bei Bruder Adipositas in die Beichte gehen zu dürfen, ward indes nicht jedermann zuteil.
Jederfrau trifft es wohl eher.
Und der Pater vermochte stets so viel Segen an die Sünderin weiterzureichen, dass er selbst ausgezehret, des Bauches ledig und beinah schlank den Beichtstuhl verließ.

Es folget das Ende der Geschichte: Nun ... der Herrgott in seiner Gnade war Bruder Adipositas derart zugetan, dass er der neugeborenen Kindlein viele versah mit dem Antlitz des Paters, auf dass dieser im ganze Lande nimmermehr vergessen solle sein. Der Mann verstarb früh an syphilitischer Hirnerweichung und mit einem selig anmutenden Lächeln auf dem Antlitz.
So edles Volk habet stets im Sinne, dass der prall gefüllte Wanst eines Pfaffen ein unerwartet Geheimnis bergen kann.

Krankenhaus

Text: Traditionell Irisch

Übersetzung: Spielmann Michel

Zeichnungen: Klaus Penczek

Mein Meister, mir geht’s heut nicht gut,
drum send ich dir dies Wort
Ich lieg im Bett, der Arzt ist schon seit
Stunden hier vor Ort
Mein Körper, der ist grün und blau
Ich seh bescheiden aus,
zur Baustelle geh ich heut nicht, ich lieg im Kranken-
haus.

Die Ziegel oben im zwölften Stock,
die brauchte keiner mehr
Ich warf sie runter,
doch das mochte der Gesell nicht sehr
Er schnautzte: „Nimm die Dinger einzeln,
hurtig und sogleich
sonst pack ich dich an Arsch und Hemd
und hau dich windelweich.“

Doch wenn man solch Ziegel einzeln nimmt,
das dauert seine Zeit,
12 Treppen rauf, 12 Treppen runter
und schon bist du´s leid
ich fragte mich, ob´s anders geht
als ich hoch oben sah...
einen Flaschenzug, ein Fass, ein Seil
und schon war alles klar.

Ich zog das Fass mit dem Flaschenzug
zum zwölften Stock hinauf,
ich sicherte das Seil und lief die
Treppen wieder rauf

Bald war das Fass mit Steinen voll
doch eins war mir nicht klar,
dass ein ganzes Fass mit Ziegelsteinen
schwerer als ich war.

Als ich das Seil dann löste,
fiel das Fass zu mir herab,
ans Seil geklammert ging ich gar so
wie ein Adler ab.
Als ich dann nach oben sah
Ging ein Schrecken durch mein Herz
Auf halbem Weg traf mich das Fass
auf seinem Weg abwärts.

Das Fass brach meine Schulter
Bevor´s weiter runter ging
Da stieß ich vor den Flaschenzug,
der oben im zwölften hing,
trotz Brummschädel ans Seil geklammert
fielen im Parterre
die meisten Ziegel aus dem Fass
und plötzlich wog ich mehr.

Verkrampft mit weißen Knöcheln
hielt ich mich am Seile fest
Es ging abwärts und ich dachte, jetzt gibt's mir den Rest
Wiederum auf halbem Weg
Da ging´s mir richtig schlecht,
das Fass haut zwischen meine Beine
mitten ins Gemächt.

Und unten knallte ich, und
das schlug mir doch auf den
Magen,

auf die kaputten Ziegel, die
verstreut am Boden lagen.

Da lag ich dort und mit viel
Stöhnen und viel Jammerei
dachte ich, wenigstens ist das
Schlimmste nun vorbei

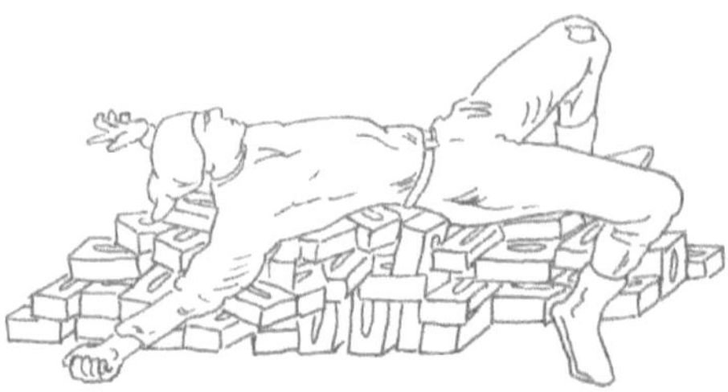

Da stieß das Fass vor den
Flaschenzug
Der Boden, der brach los.
Die Ziegel regneten herab
Und dann ...
Und dann ließ das dumme
Seil ich auch noch los

Das Fass, das machte sich erneut nach unten auf den Weg
Und stürzt 'auf mich so voller Wucht, dass ich mich kaum noch reg´.
Drei gebrochene rippen Schulterbruch und aus dem Bein,
da schaut ein Knochen ´raus.
Mein Meister, nein, ich kann heut nicht.
ICH LIEG IM KRANKENHAUS!

38.5
Miss
Lilly OZ
Kobolt
Taverne
Skollar
Zeichnungen: Liam Bo Skol

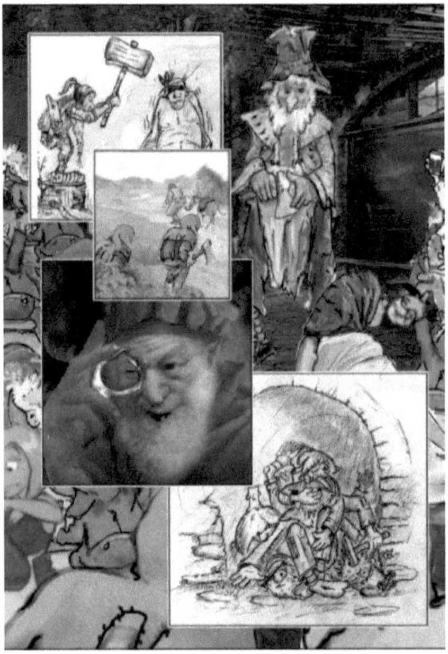

Zwergengesang

Tief unter dem Berge
Arbeiten die Zwerge.
Schmieden Axt und goldene
Ringe,
Schmieden Schwert mit
scharfer Klinge.

Gut beraten jeder ist,
der das Zahlen nicht vergisst,
lieber sei der Beutel leer,
als ein Zwerg hinter dir her.

Denn da wird nicht lang gefaxt,
Du machst Bekanntschaft mit der Axt.

Schluss mit lustig, Schluss mit Feiern,
Sag Lebwohl zu deinen (zensiert).

Besser es kommt nicht dazu.
Den, der zahlt lässt man in Ruh

Der Videoclip zum Zwergenlied: *Spielmann Michel: Zwergengesang*
https://www.youtube.com/watch?v=XjjMYw_Q9cI

Zeichnungen: Metin Temel

Blut und Schweiß, Die Wüste kennt kein Erbarmen

Ein Abenteuer von Orne dem Spielmann, wie er Spielmann wurde, seine traumatischen Erlebnisse zu Zeiten der Kreuzzüge und wie er zu dem wurde, den wir heute so gut kennen und von Herzen verabscheuen.

Als Jüngling ward er schon gebildet an Schwert, Axt, Lanze, Morgenstern.
Ungeduldig, zu bereisen fremde Länder nah und fern.
Nicht nur der Strohpuppe zum Üben
Auch echten Gegnern mit seinen Hieben,
Das heidnische Gedärm in den Wüstensand zu schlagen
Auf dass die Muselmanen jammern und auch klagen.

Dies, so sprach der Bischof, sei echte Christenpflicht,
und wer ein echter Mann will sein, versäumt diese nicht.
Wenn des Herren Ruf erschallt,
soll der Kämpfer alsobald
das heidnische Gesocks aus dem Land des Herrn vertreiben
Und mit Eifer dafür sorgen, dass sie dann in der Höll´ verbleiben.

Der besagte Ruf ließ nicht lange auf sich warten.
Kaum zum Mann herangereift, ´nem grimmigen und harten,
fand sich Orn auf langer Reise
er ging auf kämpferische Weise
mit dem Kreuzzug Richtung Osten, alle Muchel zu verhaun
Und sich zu ergötzen am Gejammer ihrer Frauen.

Der gute Orne war positivstens motiviert,
Als die lange Reise zur ersten Schlacht ihn führt.
Rannt auf den Gegner voller Mut
Doch kriegte gleich eins auf den Hut
Er war nicht tot, lag reglos nur im Wüstensand dem gelben

Mit einem dröhnend Schädel und ´nem verbeulten Helm[3].
10 von 1000 Mannen überlebten dies Geschlachte.
Einer davon Orne, der irgendwann erwachte.
Den Unterkiefer perforiert
Und den Helm so deformiert
Dass er nicht zu bewegen war. Alle, die noch war´n am Leben
Zerrten, zogen, doch vergeblich, nicht Birkenpech kann besser kleben.

Wo der Laie nicht weiterkommt, da muss flugs der Profi dran
Schnell erlangt man Konsens, ein Schmied, das ist der rechte Mann.
Doch hilft`s nicht, wenn man lange peilt,
wenn man in der Pampa weilt.
Nicht Gold, nicht Silber oder Geld zaubert ´nen Schmied zum Arsch der Welt.
Es heißt, zu Fuß sich auf zu machen. "Ab die Post, steh auf, du Held."

Bewohntes Land gilt´s zu erreichen, ein langer Marsch, das ist es schon,
wenn man mitten aus der Wüste will zur Zivilisation.
Der ganze Tag ist einem versaut,
wenn unterm Helm sich Hitze staut.
Wie ein Backofen so heiß, wenn die Sonne knallt hernieden.
Es liegt nah, dass graue Zellen, dauerhaft sich verabschieden.

40 Tage durch die Hitze kocht gesundes Hirn zu Brei
Schlüge nun ein Sarazene mit seiner Axt Orns Kopf entzwei.
Würde durch des Schädels Ritzen.
Das Hirn rieseln und nicht spritzen.

---

[3]Anm. d. Verf.: Zugegeben ... hier muss eine Erklärung her... und zwar für den merkwürdig wirkenden Reim. Die Erklärung findet sich in den Tiefen des Ruhrgebietsdialektes, der die Silbe „ben" nicht kennt und durch ein stimmhaftes „m" ersetzt. So wird „Lebenslauf" zu „Lehmslauf", „Abend zu „Ahmd", „haben" zu „ham" und „gelben" zu „gelm"... Und das reimt sich auf Helm :-)

So wie Dörrobst nach dem Trocknen in dem Inn´ren ist entkernt.
Weilt der Sinn in Ornes Schädel, nunmehr scheinbar weit entfernt.

Schließlich kam man an ein Dorf und es gab dort auch ´nen Schmied.
Kundig sah er auf die Sache, so wie nur ein Fachmann sieht
Ein Riemchen fand sich unterm Kinn
Der Schmied ging mit ‘nem Messer hin.
Er grinste breit, ein kleiner Schnitt und der Helm fiel ab.
„Was für Haufen Blödmänner“. Der Schmied lachte sich schlapp.

Im Dorf erholten sich die Mannen von den vergangenen Mühen
Doch Ornes Makel blieb, ein IQ gleich dem von Kühen.
Als Kämpfer nicht mehr zu verwenden
Musste Orn als Spielmann enden
Sein beschädigtes Gehirn brachte Seltsames hervor
Und fremdartige Gesänge, drangen an des Volkes Ohr.

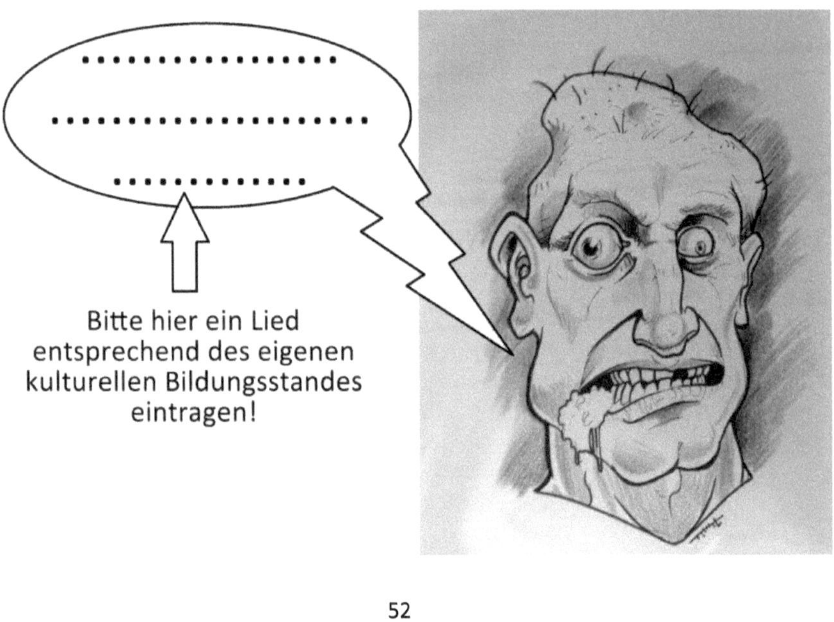

Wohlan liebe Leser,

Spielmann Michels Lautenkunde findet sich heut an einem ungewohnten Orte. Doch ergibt es sich, dass besonders gut hierhin sie passet, soll es doch gehen um das Lied, das vorliegendem Druckwerk zu Grunde liegt.

Ein jeglicher Musikus sei herzlich eingeladen, sich am „Rattenfänger“ zu versuchen. Dem kundigen Musikus sind nebenstehende Noten sicher genug, um trefflich Laute und Gesang zum Wohlklange zu erheben.

Es stehet aber auch eine genauer ausgeführte informatio zur Verfuegung, sofern Ihr nur die die Zauberworte www.michaelvoelkel.de in Euren computus personalis eintippet und sie daselbst anfordert.

Es sein dann an Euch verschicket die Noten, die Tabulatur, die Griffe und noch einmal die Worte in ihrer Gesamtheit, auf dass Ihr nicht genötigt seiet, in vorliegendem Hefte zu ständig hin- und her zu blättern.

Intro 4x
gesprochen
1. Lautstark hörte man die Klage von den Obe- ren der Stadt
2. Hilfe, diese Ratten- plage, ist denn keiner hier der hat
eine Lösung, wie man diese Mistvie- cher ver- treiben kann.
Di- del, Dei- del, Di- del Die, Ist da kein Mann der helfen kann?

Gothic

Zeichnung: Michael Völkel

Gothic

Text und Illustration: Spielmann Michel

Dunkel ist´s, im Mondlicht geht eine bucklige Gestalt,
Sie geht direkt aufs Haus zu, kommt gerade aus dem Wald
Bei genau´rem Hinseh´n sieht man, sie trägt einen Toten.
Mit einem derben Schlitz im Hals, einem tiefen und auch roten.
Blitze leuchten, gruseliges Donnergroll´n erschallt.

Manisches Gelächter erklingt vom Hause her.
Im Fackelschein erkennt das trübe Auge immer mehr.
Ein finsteres Gemäuer, im Keller ein Labor.
Das Lager unten hält ganz viele Leichenteile vor,
Der Hausherr trägt ´nen Kittel. Er ist böse und ist alt.

Was denn da so vorgeht, wird bald abscheulich klar.
Die Leichen kommen in einen Topf und man kocht sie gar.
Die weichgekochten Teile schöpft man dann hervor
Und man trägt sie danach weiter ins Labor.
Wohlsortieret legt man sie dann nieder auf den Tisch.

Man gruppiert die Teile, wie eine menschengleiche Form.
Maß, Gewicht und Proportion entsprechen neuester Norm.
Das Ganze wird zusammengefügt mit Nadel und mit Tacker
Und immerfort hört man des Alten scheußliches Gegacker.
Vorbereitet wurd´ indes ein grünliches Gemisch.

Giftig schimmert dies wie Phosphor in einem großen Tank
Seltsame Geräte stehen auf einer Werkbank.
Es blitzt und blubbert und es zischt, in dem Tank entsteht ´ne Gischt
Ein Lichterbogen und der Alte kriegt fast einen gewischt.
Der Erfolg, er hängt nur ab vom guten Ausgangsmaterial

Frisch gestohlen kam aus Polen das Gehirn von Dieter Bohlen.
Und wenn die Beine sind zu krumm, nimmt man die von Heidi Klum.
Von Kurt Cobain die kleinen Zehn, das Rezept ist genial.
Das Geld verdient man doch sehr schnell mit Auftraggeber RTL
Deutschlands neuer Superstar ist fertig noch bevor es hell.
Zurechtgestückelt, festgedängelt mit Epoxid und Hieben
Steht er nun auf der Bühne. Das Volk, es wird ihn lieben.

Waldgedicht

Waldgedicht

Ich ging des Nachts im Wald umher,
Auf der Jagd nach kleinen Tieren
Als ich hörte ein Geräusch
Kriecht dort ein Mensch auf allen Vieren?

Was ich sah schien wie ein Mann
Doch grunzt' es wie ein Schwein
Es hob den Kopf und was ich sah,
War'n zwei finstre Äuglein.

Wer bist Du nur, dass Du es wagst,
Bei Nacht im Wald zu wandern?
Vernahmst Du nie der Alten Wort
Noch Warnung von den andern?

Ich hörte einst von Wesen,
Die im Walde hausen sollen,
Die kriechen und nicht laufen,
Die fressen Aas und Knollen.

Die in dunklen Löchern hausen,
Fern vom Licht des Tages,
Übel in Gedanken
Wesen finst´ren Schlages

Du hörtest scheint's von unsrem Volk
Du sprichst von uns sehr richtig
Was treibt Dich denn nun in den Wald
Was ist des Nachts so wichtig?

Ganz einfach, geb´ ich ihm zur Antwort
Ich wollt's so recht nicht glauben
So redet nur, wer trunken ist
Vom Saft aus Gerst´ und Trauben

Das ist es, was die Menschen denken?
Wir seien ein Hirngespinst für Säufer?
Buhmann um Kinder zu erschrecken,
Stolperstein für Nordic Läufer?

Wisst Ihr nicht von unserem Reichtum?
Schätze hüten wir in Massen
und furchtbar trifft die Rache den,
der langfingert in unseren Kassen.

Siehe, hier ist der Beweis
und er öffnet seine Tasche.
Holt die Chipkarte hierfür
und säubert sie von alter Asche.

Die Geheimzahl ist verborgen
tief versteckt in meinem Sinn.
Selbst Folter wird mir nicht entlo-
cken, wie da lautet meine PIN.

“Erzähl mir nix“, sprach ich, „da-
für muss man des Denkens mäch-
tig sein.
In Dein degeneriertes Hirn
passt niemals eine Zahl hinein“.
wer nur faule Fische frisst,
dessen Hirn ist doch wie tot
keinesfalls kannst Du Dir merken
so ´nen vierstelligen Code.

Du denkst, Du kannst mich über-
tölpeln, dass ich beweise was ich
weiß,
dass ich um Schläue dir zu zeigen
gebe meine Nummer preis.

Du scheinst cleverer als ich dach-
te, dennoch glaube ich Dir nicht.
es gibt ´nen leichten Trick und der
gefährdet dein Geheimnis nicht

wenn du nicht willst, dass ich die
Reihe deiner Zahlen sollte kennen
beweis mir doppelt deine Schläue
und tu sie einfach rückwärts
nennen.

kurz nachgedacht und abgecheckt
dann blickt er triumphierend zu
mir.
geht grübelnd kurz die Zahlen
durch und sagt dann: „7634“

ein kurzer Schlag voll auf die 12
und er ist die Karte los.
Und jetzt sitz ich auf Malibu
mit ´ner Mulattin auf dem Schoß.

Der Vampyr
Zeichnungen: Will Meeder

Mit Kruzifix und Holzpflock, Weihwasser in ´ner Flasche
Ist der Recke unterwegs zu machen Staub und Asche.

Aus dem Vampyr, welcher wohnet In jener Burg dort hinnen,
die dunkel, schwarz und grausig erhebet ihre Zinnen.

Er ist nicht allein, Hat Hilfe aus dem Dorf,
3 Männer jung und kräftig, aber dumm wie Torf.

Früh des Morgens ziehen sie los, as schwarz der Nacdht zu meiden.
Die Sonne tut den Whampyri nicht gut, sie lässt sie leiden.

Ungefährlich bleibt´s, wenn sie bis abends fertig sind,
weil der böse Vampyr sich bis dann im Sarg befindt.

Schon stehen sie vor dem Tor, das sich ganz einfach öffnen lässt.
Der Hof ist voller Knochen, wie einst zur Zeit der Pest.

Unter dem hellen Sonnenlicht tritt ein vermummter Mann hervor,
richtet seine Stimme an die Männer an dem Tor.

„Haltet ein ihr Mannen und hört mir bitte zu.
Ich bin kein Vampyr, glaubt mir. Ich will nur meine Ruh

Mein Antlitz ist entstellet, seit jener bösen Schlacht.
Versteckt soll es stets bleiben bei Tag und in der Nacht.
In Einsamkeit nur find ich, was Trost und Ruh verspricht,
Drum schert mich das Gerede vom bösen Vampyr nicht.

Es hält die Menschen fern, die ich nicht sehen mag.
So verbring ich einzeln und friedlich meinen Tag

Drum bitte ich Euch um zu kehr´n, zurück ins Dorf zu gehen,
Tut dies bitte freiwillig und lasst mich nicht drum flehen.

Damit Euch keiner feige nennt, will ich Euch etwas geben.
Der Sack voll Asche sei Beweis, Ich wär nicht mehr am Leben.

Der Recke nimmt das Säcklein, es dauert ihn der Mann.
In Tränen treten 4 Gesellen den langen Rückweg an.
Kaum haben sie die Burg verlassen,
Geht der vermummte Mann
Zum Keller seiner Burg, ruft:
„Mädels macht die Fackeln an.

Drei Frauen kreischen hocherfreut,
Es öffnen sich die Särge.
Kommt heraus, ihr Volk der Nacht,
Die Doofen und ihr Scherge
Sind weg, jetzt ham wir unsre Ruh,
Für eine lange Zeit.
Tanzt und lasst Musik erschallen
Haltet Euch bereit."

Der Saal ist voll, die Trommel dröhnt.
Es riecht nach Lust und Gier.
Wenn einer weiß, wie's feiern geht,
Dann ist es der Vampyr.

SPIEL-
MANN
MERCURIUS COMICS GROUP
der ZEITREISENDE
SPIELMANN
60¢
FEB
Der Wachmann
Zeichnungen: Klaus Penscek

Lebt man in einem kleinen Dorf, kommt man sich elend mickrig vor,
Ne Stadt, in der man gerne wohnt, hat Stadtmauer und Tor.
Die Nachbardörfer neidisch machen, ist ein Ziel, das etwas hat.
Schnell sind die Bürger einig, so machen wir das Dorf zur Stadt.

Nach langer Bauzeit stehen sie da, die Mauer und das Tor.
Letzteres sieht prachtvoll aus und toll kommt man sich vor.
Doch ist das Tor nach kurzer Zeit beschmiert mit lauter Kleckseln
Und unter dem Torbogen stinkt's nach häufigem Stoffwechseln.
Soll das Tor kein Anstoß sein für Hohn, Spott und Gelächter,
gibt´s nur eine Lösung: das Tor braucht einen Wächter.

Und sieh mal einer an, das Tor bleibt nun fein und reinlich
Jedermann benimmt sich, vor dem Wachmann wär´s zu peinlich.
Es wird nicht mehr gerannt, nur noch ordentlich gelaufen
Es gibt keine Graffitis mehr und keine braunen Haufen.

Doch ein Wachmann will bezahlet sein, das sieht jeder ein.
Und zu diesem Zweck stellt einen Zahlmeister man ein.
Tun auch beide ihre Pflicht? Das ist die große Frage.
Eine Personalaufsicht gewährleistet die Lage.

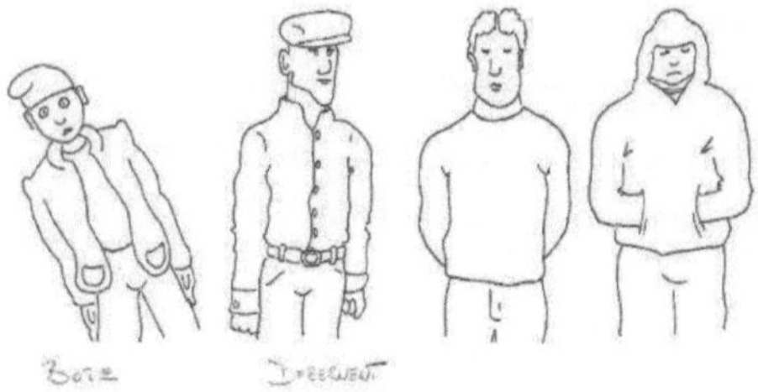

Wachmann, Zahlemann und
Aufsicht ...
Das sind drei Personen.
Ein Personalverwalter würde
sich jetzt lohnen.

Dies soll einer tun, der mit
Seele, Geist und Leib schafft.
Man stellt einen Verantwortlichen ein nebst einer Schreibkraft.

So viel Personal braucht eine starke Hand
Ein Verwaltungsleiter wird sogleich benannt.
Allein kann der´s nicht leisten. Stellvertreter, Assistent braucht man auch
plus Sekretär, Bote und Pressereferent.
Sind die Finanzen richtig? Das ist die nächste Frage. Haushaltsbeauftragter
und Rechnungsprüfer klären die Lage.

Reicht man ´nem Mann den kleinen Finger; nimmt er gleich die ganze Pfote.
Die Gleichstellungsbeauftragte sorgt für ihre Quote.
Die Bürgerschaft, sie murrt. Das kostet so viel Geld.
Zum Zweck der Reduzierung wird ein externes Gutachten bestellt.

Worin es heißt, das Ganze sei nicht trefflich strukturieret.
Zur bessren Glied´rung werden Dezernate etablieret.
Dezernent, Vorzimmerdame und Sachgebietsleiter
und für schnellen Briefwechsel für jeden noch ein Reiter.

Wo so viele zusammen agieren, da geht manches unter.
Der Qualitätssicherungsmanager macht alle wieder munter.
Gerecht soll´s sein, drum ist der Personalrat auch dabei.
Bei so vielen Mitarbeitern stellt man ihn auch frei.

Um die gequälte Kasse etwas zu beleben,
kommt einem die Idee, man könnte Wegezoll erheben.
Doch soll dies nicht der Wachmann tun, obwohl der grad da rumsteht.
Ein kompetenter Buchhalter, ist der, an den die Stelle geht.

Um Wegezoll zu sparen, haut zwischendurch ein Schlauer,
für sich und seine Kumpels ein Loch in die Stadtmauer.

Unmut macht sich breit, denn das Geld es fließt von hinnen.
Die Verwaltungsleitung soll eine Lösung rasch ersinnen.
Eine gute Analyse trägt bei zur Effizienz.
Dann braucht es nur den Mut für die nötige Konsequenz.
Nach Wochen der Beratung spricht vor dem Volk man vor.
Schon immer, heißt es, war man doch vom Bürger das Sprachrohr:

Nach eingehender Beratung und intensiver Auseinandersetzung mit dem Sachverhalt sowie der im Kontext anhängigen Themen, wobei Bürgernähe und die -zu Recht eingeforderte- Verschlankung auf ein notwendiges Minimum mit Priorität behandelt wurden, ist es dem Ausschuss gelungen, Sofortmaßnahmen zu initiieren, die Wirksamkeit und Erhalt der bewährten Traditionen der Stadt in keinster Weise gefährden, so dass das Vertrauen der Bürger als uneingeschränkt gerechtfertigt zu betrachten sei, denn ...
Alles wird zurzeit verteuert, dem Bürger viel zu viel besteuert ...

Der Stadtrat legt den Sparplan vor ...

UND DER WACHMANN WIRD GEFEUERT

TÜTE

EINE KURZGESCHICHTE FUR SCIENCE-FICTION-NERDS UND SOLCHE, DIE ES WERDEN WOLLEN ...

Tüte

Musik aus dem Off: Eine Fanfare mit bläserähnlichen Synthesizerklängen. 3 Töne, aufeinandergeschichtete Quartintervalle, eine gutturale Männerstimme erzählt

Eine Science-Fiction-Kurzgeschichte für Nerds und solche, die es werden wollen.
Der Weltraum ...
Unendliche Weiten ...
Wir befinden uns ...

Ja ..., wo eigentlich ...? Und wann ...?

Die religiösen Vordenker aller Zeiten - vor allem die, die nicht damit beschäftigt waren, irgendwelche Götter in blutigen Ritualen mit Spenderherzen zu versorgen - wiesen immer wieder darauf hin:
Raum und Zeit, Materie ... kurz: alles, was wir Realität nennen, hat so viel Substanz, wie der IQ eines typischen RTL II - Zuschauers.

Die Realität ist nicht fix. Jedes Wesen schafft seine eigene -und was darin geschieht, entspricht (leider) nur dem, was wir selbst hineingelegt haben.Es gibt unzählig viele, oft sehr merkwürdige Gestalten, und jede schleppt ein eigenes Raum-Zeit-Gefüge mit sich herum wie ein Schneckenhaus. *Ein Universum pro Person, also gibt es im Universum unzählig viele Universen.* Diese durchdringen sich gegenseitig, sind durchlässig an den „Berührungspunkten" und verschmelzen so zu einem Ganzen. Mit anderen Worten: *Die zahllosen Universen bilden ein Universum und dieses enthält alles nur Denk-, Fühl-, Erleb-, und Erfahrbare.* (Kaum zu glauben, aber das schließt auch Abseitsregeln, Steuergesetze oder Musik von Xavier Naidoo mit ein.)

In diesem Zusammenhang ein Zitat von Erwin Grossack, früher Bierlieferant, zurzeit Hausmeister der Hauptschule Batenbrock-Ost in Bottrop: *„Ja wattenn nu ...? Gippet getz viele Universal ... äh, Dingens da oder gippet nur eins? Wennse Euch interlecktuellen Tintenpisser ma orntlich aufm Bau malochn schickn würn, hättetta aunich so viel Scheiße im Kopp."*

Fragen dieser Art beschäftigen den spirituell interessierten Mitbürger schon seit Generationen.
Dabei ist die Antwort eigentlich ganz leicht: *„Ja, ääh ... also das ist, wenn die ... äh, ich mein, wenn der ... nee, also pass auf: Du hast ... nee, wir haben ... nee ..."*

Cut !!!
Erklärungen dieser Art kennen wir alle aus unserer Schulzeit.
Vermutlich gehen die Methoden der spanischen Inquisition auf Menschen zurück, die nach Referaten vor der Schulklasse von Klugscheißern mit „Rückfragen zum Thema" belästigt wurden. (Im Übrigen beginnen Sätze von Leuten, die etwas erklären sollen, von dem sie keine Ahnung haben immer mit den Worten: „Also, das ist, wenn ..." Achtet mal drauf.)
Unbestritten bleibt allerdings die Tatsache, dass die Realitäten durchlässig sind und es zu unfreiwilligen *Übergängen* kommen kann. (Science-Fiction-Freunde kennen die entsprechenden Transferkanäle als Wurmlöcher.) So werden Menschen und Gegenstände aus ihrer gewohnten Umgebung gerissen und finden:

1. sich wieder in einer völlig anderen Wirklichkeit (in den von SF-Autoren immer gern verwendeten *Paralleluniversen*)
2. nur in Ausnahmefällen einen Weg zurück.

Kleine Gegenstände unterliegen überdurchschnittlich oft solchen Transfers. So erklärt sich das Verschwinden von Kugelschreibern und Tassen in Großraumbüros oder warum Gitarristen niemals ein Plektrum zur Hand haben, selbst, wenn sie sich gerade erst zehn Stück gekauft haben (Von Socken in der Waschmaschine mal ganz zu schweigen). Auto- und Wohnungsschlüssel werden vom Paralleluniversum meist abgestoßen und zurückbefördert ins „Hier und Jetzt". Von der Wissenschaft unbeantwortet blieb dabei bisher die Frage, warum in diesen Fällen der Rücktransfer in statistisch signifikanter Größenordnung unter Sofa- oder Sesselpolstern endet.

Das *Chaotische Universum* kann nur in chaotischen Rahmenbedingungen Wurmlöcher hervorbringen. Eine gewisse *Affinität* zum Chaos ist Minimalvoraussetzung. Wer also erst einmal in seinem Leben genügend Chaos aufgebaut hat, eignet sich bestens als *Transferobjekt* und wird ein solches immer wieder und immer häufiger sein.
Es ist, wie mit einem ausgerenkten und mittlerweile ausgeleierten Nacken. Die Abstände der Besuche beim Chiropraktiker verkürzen sich auf unangenehme Weise, bis man konsequenterweise darüber nachdenkt, in der Praxis einzuziehen.
Bei interdimensionalen Übertritten begegnet man den absonderlichsten Gestalten des Universums (bzw. der Universen). Man könnte sie in etwa vergleichen mit den Typen, denen man morgens um halb zwei in der U-Bahn begegnet.

Und wie es uns aus unserer eigenen Realität leidlich bekannt ist, wird der unfreiwillig Reisende stets den Eindruck haben, die allerfertigsten unter ihnen heften sich einem selbst an die Fersen.

Zitat Erwin Grossack: *„Kannze machen watte willz. Wennze ersma ein son Bekloppten 'n klein' Finger reichs, wirßen nimmehr los. Glaub mich dat ... , die kratzn dich noch die Klabusterbeern auße Poperze, wennse damit noch die Schwarzwurzln im Schrebbergahtn düng'n könn."*

In diese Riege illustrer Persönlichkeiten reiht sich auch *Tüte* ein.

Tüte war ein übrig gebliebenes *Hippie-Fossil.* Der wiederholte Genuss von Gerichten aus selbstgepflückten Pilzen hatte ihm wichtige Teile des Großhirns lahmgelegt. Unter anderem auch den Teil, der Warnungen ausstößt, wenn man sich anschickt, aus Tabaknotstand heraus Zigaretten aus dem Inhalt aufgerissener Teebeutel zu drehen (und natürlich auch zu rauchen). Über die Jahre konnte dies nicht ohne Folgen bleiben. Eins kam zum anderen und inzwischen war die Leistungsfähigkeit von Tütes Intellekt vergleichbar mit dem einer Schüssel Milchreis.

Wann immer jemand Tütes Bude betrat, erlebte er ein erstaunliches Äquivalent zu dessen geistigen Zustand.
Ritueller Mittelpunkt in Tütes Zimmer war die Plattensammlung. Sie bestand aus Exponaten der späten sechziger bis Mitte der siebziger Jahre und bildete eine zirka zwei Meter lange Reihe relativ aufrecht stehender und teils extrem seltener Einzelstücke.
Cover und Vinyl waren von Tütes gewalttätigem Kater *Sly* in einen bedauernswerten Zustand versetzt worden. Bei Begutachtung durch

ernsthafte Plattensammler kam es bereits zu pathologischen Weinkrämpfen, die nur medikamentös mit gleichzeitig verordneter Psychotherapie zum Stillstand zu bringen waren. Slys Leben fand übrigens ein jähes und unappetitliches Ende, nachdem er einen von Tütes Spezial-Hasch-Keksen gefressen hatte.

Auf der linken Seite wurde die Plattenreihe gestützt von einem grünen Porzellanlöwen in asiatischem Stil vom Sperrmüll. Ein abgebrochenes Ohr (vermutlich der Grund für die vorzeitige Entsorgung durch den früheren Besitzer) gab den Blick frei auf einen Hohlraum im Inneren des Löwen, sodass man die Figur (Zitat): „saugeil als Aschenbecher nehmen“ konnte.
Tütes Rauchkonsum sorgte innerhalb von 14 Tagen dafür, dass das zweckentfremdete Dekorationsstück bis zum Rand mit Asche, Kippen und mit Rücksicht auf schwer zu unterdrückenden Brechreiz nicht näher beschriebenen „Dingen“ angefüllt war. Derzeit schauten zwei angebrannte Sandelholz-Räucherstäbchen aus dem Ohr hervor. In gänzlicher Verkennung des allgemeinen Geruchs in seiner Bude versuchte Tüte so, das asiatische Ambiente in seinem Zimmer zu unterstreichen. Dies gelang ihm auch ganz gut, wenn man bedenkt, dass die Müllhalde von Katmandu ebenfalls in Asien liegt.

Die Stereoanlage war inzwischen degeneriert zu einem alten „Telefunken Stereo 25“, mit einer angeschlagenen Box und einem Riss in der Abdeckhaube. Das ständige Ersetzen besserer Geräte durch „nicht ganz so gute“ (meist war kein Geld für Bier mehr da), war inzwischen auf einem Niveau angelangt, dass selbst hochwertigste MFSL-Pressungen nicht überleben konnte. Überhaupt versetzte Tüte seine Kumpels immer wieder in Erstaunen, wenn er die Kakophonie aus Knistern, Knacken und merkwürdigen furzähnlichen Geräuschen, die von der verbliebenen Box ausgestoßen wurden, zielsicher als „Band of Gypsies“ von Jimi Hendrix zu identifizieren vermochte.

Auf der rechten Seite neben den Platten lag eine Matratze. Darauf war ein Laken, dass an einigen Stellen fast durchsichtig war, an anderen durch das beständige Hinzuführen körpereigener Proteine eine gelblich brettartige Konsistenz erlangt hatte. Ein sachkundiger Blick auf diese Ruhestatt ließ auch in den dümmsten von Tütes Kumpels (also eigentlich allen) nicht den geringsten Zweifel darüber aufkommen, warum ausgerechnet der rechte Unterarm die einzig durchtrainierte Stelle an dessen ausgemergelten Körper war.

Der Kühlschrank und sein Inhalt entsprachen unterem WG-Standard. Beim Öffnen der Tür ging das Licht nicht mehr an und dies konnte durchaus als eine Art Weigerung des Geräts verstanden werden, das Elend nicht näher zu beleuchten. Was einem nicht auf eigenen Füßen –besser gesagt „Flügeln“- entgegenkam, hatte Formen organischer Zersetzung irgendwo zwischen Verwesung und Fossilisation angenommen.

Besonders interessant war es, anzusehen, welch mannigfaltigen Organismen ein gewöhnliches Hühnerei eine Heimstatt bieten konnte, wenn man ihm nur genügend Zeit lässt, in Ruhe heranzureifen.

Tütes Alter war nicht näher definierbar. Die eigene Erinnerung daran ging verloren nach einigen kreativen Selbstversuchen mit einem Kraut aus dem Wald, das aussah, als ob es „gut dröhnen würde“, wenn man es rauchte. Und so war es dann ja auch.

Seine Hose hatte Tüte mit Bedacht im Hanfladen um die Ecke geklaut. Zum einen konnte man sie anziehen, zum anderen „müsste man die Cannabis-Fasern doch sicher auch rauchen können". Mittlerweile waren die entsprechenden (etwas unbefriedigenden, aber dennoch unermüdlich durchgeführten) Experimente so weit vorangeschritten, dass das rechte Hosenbein knapp unter dem Knie endete.
Die Hose stellte eine nachhaltige Gesundheitsgefährdung dar. Vermutlich läge sie längst in einen Betonklotz eingegossen zur Endlagerung in der untersten Sohle eines ausgedienten Salzbergwerks, hätte man sie einem Sicherheitsbeauftragten oder Mikrobiologen vorgelegt.

Zweimal pro Monat besuchte Tüte seine Mutter, die sich auch immer redlich bemüht zeigte, sich darüber zu freuen. Am 15. jedes Monats, wenn die Rente überwiesen wurde, war Tüte immer besonders nett und pünktlich. Um den Monatsbeginn herum gab es den zweiten Besuch, bei dem in der Regel Mutterns Vorräte dran glauben mussten und die *zweite Rate* fällig wurde.
Jegliche Versuche, charakterfördernd auf Tüte einzuwirken, mussten am kräftigsten Teil seiner Person scheitern: *seinem Ego.*
Es gab keinen Grund für Veränderung. Es war ja alles ganz locker so.
Zwischen seiner Selbsteinschätzung und dem, wie ihn seine Kumpels sahen klaffte allerdings eine Lücke groß wie der Marianengraben.
Fragte man Tüte zum Beispiel, wie er zu seinem Spitznamen gekommen war, so bekam man ausufernde Geschichten über die Kunst, einen Joint zu bauen, zu hören. Seine Kumpels hätten geantwortet, es sei eine Abkürzung für *Kotztüte ...*

Ein Wurmloch ist eine dezente und unauffällige Angelegenheit

Es gibt kein eindrucksvoll berstendes Licht, aus dem heraus sich ein riesiges Portal aus wirbelnden Energiekonfigurationen bildet, dessen spektakuläre Größe erst deutlich wird im Vergleich zu den winzig erscheinenden Sternenkreuzern, die gerade aus einem anderen Quadranten zurückkehren.

Es gibt auch keinen messbaren Anstieg der Neutrinowerte.

Selbst dann nicht, wenn die vordere Sensorenphalanx eines Raumschiffs mittels Umleitung der Energie aus dem Warp-Kern neu kalibriert wurde auf Subraum-Singularitäten und Anomalien oder man vielleicht sogar die Phaserbänke dazu benutzt, einen kontrollierten Tachyonen-Ausstoß zu erzeugen, der schwache Energiesignaturen soweit anhebt, dass sie mit einem einfachen Tricorder ablesbar werden. Eigentlich sieht man gar nichts.

Nur, dass die Gegenstände oder Personen im Anziehungsbereich des Portals plötzlich *weg* sind.

Keiner weiß, welches *chaosemergierende Attribut* die Erzeugung eines Wurmlochs in Tütes Bude herbeigeführt hat, denn es kommen viele auslösende Faktoren in Frage (Obwohl es naheliegt, dass Tüte selbst deren wichtigster war).

Mit einem Geräusch, wie beim Entkorken einer Weinflasche, strömte die umgebende Luft an die leere Stelle, an der sich Sekundenbruchteile zuvor noch eine Person befand.

Plöpp

Von seinen Drogenexperimenten abgehärtet gegen ungewöhnliche Erfahrungen, zeigte sich Tüte in keinster Weise überrascht, als er sich plötzlich nachts an einem Lagerfeuer wiederfand.

Von seiner Bude abgehärtet gegen ungewöhnliche Gerüche, blieb er auch unbeeindruckt von den Körperausdünstungen der sechs Barbaren, die zusammen mit ihm das Feuer umringten.

Eines der Muskelpakete blickte kurz zu ihm herüber, doch nur ein leichtes Hochziehen der Augenbrauen ließ eine gewisse Verwunderung über dessen plötzliches Erscheinen erkennen. Dann wandte er sich wieder den anderen zu, die gerade hitzig miteinander diskutierten.

Dies war zumindest Tütes erster Eindruck. Seine Ohren waren noch nicht ganz an den archaischen Slang der waffenstarrenden Riesen gewöhnt und so rechnete er damit, sie würden jeden Augenblick mit Morgensternen und Streitäxten aufeinander losgehen. Ein beunruhigender Gedanke für den Hippie, denn die eindeutigen *Gebrauchsspuren* an den Waffen und die daran klebenden Körperteilreste zeigten eindeutig, dass die Jungs nicht zimperlich waren.

Der sprachliche Geräuschpegel stieg. Der Wortführer, ein riesiger Kerl mit kleinen, schlitzförmigen Augen und Fäusten, in denen eine Kettensäge wie Essbesteck wirken musste, fing an zu schreien.

Tüte konnte inzwischen verstehen, was er sagte.

„Boah, Olle, ey! Datze dijetz hier aufe Bahre reintrahng iss ja wohl dat allaletzte."

Har Har Har Har Har Har Har Har Har Har Har Har Har

Schallendes Gelächter. Fäuste klopften auf Schenkel, dem Redner wurde aus *kumpelhaften Gründen* ein dickes Hämatom auf die rechte Schulter gekloppt und ein Trinkhorn wurde herumgereicht.

Tüte nahm einen beherzten Schluck und spürte, wie sich ein Teil seiner Gehirnzellen dauerhaft verabschiedete.

„Boah, Olle, ey, ich kenn auno ein´“, grunzte Tütes linker Nebenmann, der immer wieder an einer Halskette aus abgeschnittenen Fingern und Ohren fummelte.

„Also ... steht einer vorn Pott ... Nee, Moment ... is nich einer, sin zwei und der eine sein Dingen inne Hand und der annere... Ach, nee ... kacke ... Nee ... is doch nur eina und der steht -genau- vore Rinne, nich vorn Pott ... untann kommt der annere und sacht: „Hömma ... “ ...Moment, wat sacht der getz? ...

Isja egal! Auf alle Fälle hamse beide ne Kanne Bier un dann dreht der sich um und sacht: „Hömma, ey ...“ Nee, waatet ma ... Dat is ne Dose, nich ne Kanne ...

Auf jehn Fall ... Der kuckt, da sacht der annere: „Nee, is nix mit Vögeln!“ harharharharharhar“

„Boah, waanix, Fischkopp, der wa kacke“, sagte der Hüne rechts von Tüte. Dieser trug einen Ledergürtel, an dem viele kleine Säckchen hingen. Tütes Blick schweifte nur einmal, fast versehentlich, darüber. Aus Angst vor der Gewissheit riskierte er keinen zweiten Blick.

„Wieso wa der kacke, ey?“

Fischkopp war aufgesprungen und hatte schon eine Hand am Stiel seines *Ommenhauers*. Bei Witzen verstand er keinen Spaß!

Auch Tütes rechter Nachbar sprang auf.

„Weil du Arsch einfach keine Witze erzähln kanns, Arschloch!“

Tütes Augen rollten vorsichtig nach oben, um dann zu sehen, dass die beiden Streithähne über ihm sich bereits mit den Boxernasenspitzen berührten. Er sank unmerklich ein wenig tiefer.

„Sach nomma Arschloch und ich hau dich die Kalotte weg!“

„Wattenn? Arschloch!“

Ein unappetitliches Geräusch erklang über Tüte und etwas Kleines flog ins Feuer. Eine Sekunde später spürte Tüte das Gewicht zweier Körper auf sich. Nur seine Arme und sein Kopf schauten noch aus der amorphen Fleischmasse hervor.
„Bekloppter Trip", dachte Tüte und überlegte, was immer er zuletzt geraucht hatte, künftig zu meiden.
Das Knuffen und Puffen sowie der Klang krachender Knochen unterschied sich doch sehr von seinen üblichen Halluzinationen.

Als Fischkopp versuchte, seinen Gegner ins Feuer zu schieben, gelang es Tüte, unter dem Fleischberg hervorzukriechen und abzuhauen. Tüte hatte zwar keine Ahnung, wohin, doch das war ihm mit der Gleichgültigkeit eines erfahrenen Kiffers völlig egal. Das Lagerfeuer der Barbaren verblasste mehr und mehr zu einem kleinen Lichtpunkt hinter Tüte. Vor dem verwirrten Auge des Hippies erstreckte sich eine weite Ebene, die nur vom Licht der Sterne und eines schmalen Sichelmondes erhellt wurde. Ohne Ziel stapfte er mit einem Gang voran, der an einen neuseeländischen Kiwi erinnerte.

Plötzlich ein Lichtstrahl von oben!
Langsam wurde Tüte in die Luft gehoben zu einem runden Flugkörper, an dessen Unterseite sich eine Klappe öffnete. Kurz darauf befand er sich auf einem Labortisch, festgeschnallt an seinen ausgestreckten Armen und Beinen und von Kopf bis Fuß mit Elektroden versehen. Umgeben war er von kleinen gelben Wesen mit birnenartigen Köpfen und riesigen, linsenförmigen Augen.
Ein kleiner Funke des weggekifften Gedächtnisses erinnerte sich an den *Fertigen Fredi*, einer seiner Kumpels, der immer wieder erzählte, er sei von Aliens entführt und sexuell belästigt worden. Wobei *beläs-*

tigt vielleicht nicht ganz das richtige Wort ist. Schließlich fand die letzte Berürührung seines Geschlechtsteils von jemand anderem als ihm selbst das letzte bei der Untersuchung einer Phimose beim Urologen statt.

Fredi hatte nach eigener Aussage sehr viel Spaß mit den Außerirdischen und konnte sich seither ein Sexualleben ohne schleimige Tentakel (sein eigener eingeschlossen) und Saugnäpfe nicht mehr vorstellen.

Wiederholt musste man ihn in der Folgezeit mit Polizeigewalt aus dem Tintenfischbecken des „Aquazoos" entfernen. Nur mit Taucherbrille und Schnorchel bekleidet, ließ er den Tieren eine Behandlung angedeihen, die noch Jahre später für weltweite Erheiterung sorgte, wenn man entsprechende Clips bei YouTube oder Hashtag-Krakenficken abrief. Skeptikern an seiner Geschichte pflegte Fredi die bleibenden Narben an den einschlägigen Körperstellen zu präsentieren, doch waren die Leute meist mehr vom Geruch überwältigt, als von den kleinen Blessuren, die er auch locker beim letzten Onanieren davongetragen haben konnte.

All dies im Hinterkopf harrte Tüte der Dinge, die da kommen sollten. Man setzte ihm einen Kopfhörer auf und ein Regler wurde nach oben geschoben.

„Jo, herzlich willkommen zum 24-Stunden Marathon der Volksmusik."

Tüte begann zu zucken und der Graph auf einem Oszilloskopen schlug aus. Ein weiterer verbliebener Teil seines Gedächtnisses erinnerte sich an einen Bildzeitungsartikel, der deutlich von <u>grausamen</u> Experimenten Außerirdischer berichtete.

„Durch das Programm führt ...: Floriaahaahn Silbereisen ..."

Tüte schrie auf. Geschäftig agierten die Aliens an ihren Instrumenten.

Als Stargast begrüßen wir Bata Ilic.

Es fühlte sich an, wie Nadeln in den Ohren.

„Xavier Naidoo konnte heute leider nicht kommen, denn ihm werden im Krankenhaus seine CDs aus den Körperöffnungen entfernt, wo er sie sich laut Kritikermeinung hinstecken sollte."

Tüte glaubte inzwischen in den Augen der außerirdischen Folterknechte ein hämisches Grinsen zu erkennen.

„Und die Wildecker Herzbuam präsentieren ihr brandneues AC-DC-Medley."

... verlor Tüte das Bewusstsein.

Als er erwachte, stand rechts von ihm eine Reihe Platten und ein vertrauter Porzellanlöwe.

Soweit es das Dröhnen in seinem Schädel erlaubte, versuchte er diesen seltsamen Trip zu verarbeiten. Er stand auf. Der Brummschädel traf ihn wie ein Hammerschlag. Er ging zum Klo. Auf dem Weg dahin stolperte er. Dabei fielen ihm kleine Hämatome von Injektionsnadeln an seinen Armen und Fesselmale an Händen und Füßen auf. Wo zum Teufel hatte er sich das schon wieder geholt?